COMMENT SAIT-ON ?

D'ATHÈNES À PARIS, LA GRANDE HISTOIRE DES JEUX

Sciences Humaines
Jeunesse

Tous les quatre ans, une flamme s'allume. Sportifs de haut niveau et amateurs arrivent alors du monde entier pour participer à la plus grande des compétitions multisports : les Jeux Olympiques !

Depuis quand ce grand rendez-vous existe-t-il ? Quels sont ses symboles ? Aujourd'hui, plus de 10 000 athlètes y participent, mais combien étaient-ils lors des premiers Jeux ? Les JO sont-ils utiles ? Qui sont les champions qui ont marqué l'histoire ?

Pour tout savoir sur les Jeux Olympiques, entre dans le stade et allume la flamme !

OLYMPIE, BERCEAU DES JEUX OLYMPIQUES

Il y a environ 3000 ans, à Olympie en Grèce (la ville qui a donné son nom aux Jeux), des concours sportifs étaient organisés tous les 4 ans. Ils réunissaient des athlètes grecs. Seuls les garçons les plus forts de chaque ville pouvaient participer. Grâce aux archéologues qui ont trouvé des statues, des vases ou encore des pièces de monnaie, on sait que ces compétitions existaient déjà en -776.

FOCUS

Qu'est-ce qu'une Olympiade ?

Les Jeux Olympiques ont lieu tous les 4 ans. La période de 4 années qui sépare les JO s'appelle l'Olympiade.
À l'Antiquité, elle servait de calendrier aux Grecs. Le temps ne se comptait pas en année, mais en olympiade. Attention, quand on écrit olympiades au pluriel, on parle des Jeux Olympiques.

Olympie est située à environ 300 kilomètres d'Athènes, 170 kilomètres de Mycènes et 200 kilomètres d'Épidaure.

LE SAIS-TU ?

Pour se préparer à l'entraînement ou à la compétition, l'athlète s'enduisait le corps d'huile d'olive et le recouvrait ensuite de sable fin. L'huile et le sable servaient à réguler sa température, à le protéger du soleil et... des coups de bâton que l'entraîneur pouvait lui donner si les exercices n'étaient pas faits correctement !

JEU

À TON AVIS, COMMENT POUVAIT-ON RECONNAÎTRE UN ATHLÈTE DES JO À L'ANTIQUITÉ ?

1. Sa tenue :

- ☐ Il portait une armure
- ☐ Il portait un jogging
- ☐ Il était tout nu

2. Seul le premier avait une récompense, c'était :

- ☐ Une grosse médaille
- ☐ Une couronne d'olivier
- ☐ Une vidéo de son exploit

Réponses :
1 : il était tout nu
2 : une couronne d'olivier

À QUOI RESSEMBLAIT LE STADE OLYMPIQUE ?

À Olympie, il était rectangulaire et non pas ovale comme aujourd'hui ! Son sol était en terre battue (comme à Roland Garros). Il était délimité par des talus herbeux sur lesquels s'asseyaient les spectateurs.
Les officiels (organisateurs et juges, les Hellanodices) bénéficiaient d'une tribune.

DE DRÔLES DE SPORTS ANTIQUES !

À l'Antiquité, les stars des JO ne pratiquaient pas le basket ou le skateboard. Les sports au programme étaient tous individuels.

À quoi ressemblaient ces sports ?

Grâce aux objets trouvés par les archéologues, nous savons qu'il s'agissait surtout de sports de combat, d'athlétisme et de courses de chevaux.

L'équipe d'Acta Combats Historiques se base sur les objets trouvés par les archéologues pour comprendre les gestes, les règles et les équipements de ces sports antiques !

LES SPORTS DE COMBAT

1. Le pancrace :
C'est une sorte de lutte ou plutôt de catch qui autorise tous les coups... à part mordre, arracher les yeux et mettre les doigts dans le nez de son adversaire.

2. Le pugilat :
C'est l'ancêtre de la boxe. Les mains des pugilistes sont protégées par des lanières de cuir.

3. La lutte :
Les lutteurs sont debout et doivent faire tomber au sol leur adversaire. Celui qui touche le sol trois fois a perdu.

L'ATHLÉTISME

1. La course du stade :
Il faut être le plus rapide sur une longueur de stade, soit environ 192 mètres. Il existe aussi le Diaulos, deux fois la longueur du stade.

2. Les lancers :
Les athlètes lancent le disque, sans élan. Le javelot est équipé d'une lanière de cuir pour le lancer.

3. Le saut en longueur :
Il s'agissait sans doute d'une série de 5 sauts à pieds joints avec une haltère dans les mains ! Un joueur de flûte donnait le rythme aux sauteurs.

LES COURSES HIPPIQUES

1. La course des quadriges :
C'est l'épreuve reine. On y voit des chars tirés par 4 chevaux. Le char est conduit par un cocher (l'aurige). La course se déroule sur 12 tours. Un tour de l'hippodrome antique mesure 1 200 mètres.

2. La course de biges :
Le char était tiré par 2 chevaux. La course se déroulait sur 8 tours.

3. La course de chevaux montés :
Le cavalier montait le cheval sans utiliser de selle. La course se déroulait sur un seul tour.

DES JEUX ET DES DIEUX

Les Jeux de l'Antiquité sont organisés en l'honneur de Zeus, le roi des dieux pour les Grecs. On pense que plus de 40 000 personnes venaient à Olympie pour participer, organiser ou voir les épreuves. La compétition durait 5 à 7 jours.

LA TRÊVE SACRÉE

**À l'occasion des Jeux, tous les combats et les guerres s'arrêtaient.
Des messagers se déplaçaient de cité en cité pour annoncer les dates des compétitions.** Aujourd'hui encore, pendant la cérémonie d'ouverture des JO, la trêve olympique est proclamée et symbolisée par la colombe de la paix.

Niké, messagère des dieux

Les Grecs croyaient que c'était les dieux qui décidaient d'accorder la victoire à un athlète. Ils représentaient la victoire sous la forme d'une femme avec des ailes, appelée Niké ce qui signifie « Victoire » en grec. C'est elle qui a inspiré le nom de la célèbre marque américaine de chaussures !
De retour des Jeux, l'athlète victorieux était accueilli comme un héros et bénéficiait de nombreux avantages jusqu'à la fin de sa vie.

Sculpture de la déesse Niké dans les ruines de la cité grecque d'Éphèse

LE SAIS-TU ?

À Olympie se trouvait l'une des sept merveilles du monde ! Le temple de Zeus, abritait une statue haute de 13 mètres du dieu assis sur son trône. Cette statue chryséléphantine (c'est-à-dire faite d'or et d'ivoire) fut sculptée par Phidias. Exceptée la pyramide de Khéops, aucune des sept merveilles du monde n'est parvenue jusqu'à nous. Des scientifiques, utilisant les technologies les plus modernes et s'appuyant sur les nombreux textes antiques décrivant la statue de Zeus, ont réussi à la recréer grâce à une imprimante 3D. Les équipes du Millenium Gate Museum d'Atlanta ont ainsi réalisé en 2016 une réplique en modèle réduit de la célèbre statue.

VERS LES JO MODERNES

Pendant plus de 1 000 ans, les Grecs puis les Romains organisèrent les Jeux à Olympie.

Stade panathénaïque d'Athènes pendant les Jeux de 1896

*

Décret

C'est une décision prise par le chef de l'État

Païen

C'est le fait de croire en plusieurs Dieux.

1896, LA RENAISSANCE DES JO

C'est un décret* de l'Empereur chrétien Théodose, en 393, qui interdit la pratique des cultes païens* et donc l'organisation des Jeux Olympiques. Le site d'Olympie fut abandonné. Avec le temps et à cause de tremblements de terre et d'un grand raz-de-marée, tout a disparu sous la terre et le sable. En 1894, un Français, Pierre de Coubertin, décida de relancer des Jeux en s'inspirant de l'Antiquité. Deux ans plus tard, en 1896 à Athènes, eurent lieu ce qu'on appelle « les premiers Jeux Olympiques de l'ère moderne ».
La compétition se tint du 6 au 15 avril. 43 rencontres dans 9 disciplines sportives furent organisées : athlétisme, cyclisme, escrime, golf, tir, natation, tennis, haltérophilie et lutte. Les Jeux modernes étaient nés !

LE SAIS-TU ?

En 1776, le voyageur anglais Richard Chandler redécouvrit le site d'Olympie. Les fouilles commencèrent réellement en 1829. Mais c'est à partir de 1875 que les principales découvertes furent faites. Les archéologues retrouvèrent des sculptures du Temple de Zeus : la *Victoire* de Paionios, l'*Hermès* de Praxitèle et de nombreux bronzes. Au total, 14 000 objets. Aujourd'hui, on peut les voir au musée archéologique d'Olympie. Depuis 1989, le site est classé au Patrimoine mondial de l'UNESCO.

CHIFFRES

En 1896 à Athènes,

241 athlètes sont venus de **14** pays.

En 2024 à Paris,

10 500 athlètes venant de **206** pays sont attendus !

JEU

VRAI OU FAUX ?

En 1900 aux JO de Paris, on pouvait participer aux disciplines suivantes :

1) Le tir à la corde

Vrai !
(Et ça sera le cas jusqu'en 1920)

2) Le tir aux pigeons avec des vrais pigeons

Vrai !

3) La course de carrosses postaux

Vrai !

4) Le concours de pêche dans la Seine à côté de la Tour Eiffel

Vrai !
Avec 600 concurrents de 6 nations différentes

POURQUOI LE MARATHON FAIT-IL 42 KM ET 195 M ?

Le marathon est l'évènement marquant de la première édition des JO de l'ère moderne à Athènes. Et aujourd'hui encore, c'est un moment fort des Jeux Olympiques. La course rappelle l'exploit réalisé par un soldat messager venu annoncer, en courant, au peuple d'Athènes, la victoire des Grecs contre les Perses dans la ville de Marathon en -490 !

42 km 195 m

Philippidès aurait couru environ 40 km pour délivrer son message. Lors des premiers JO, la distance du « marathon » est donc d'environ 40 km. Mais en 1908 à Londres, la distance est fixée à 26 miles terrestres et 385 yards, c'est-à-dire 42 kilomètres et 195 mètres. C'est la distance qui sépare le château de Windsor, où le roi donne le départ, de la loge royale du White City Stadium, où le roi regarde l'arrivée.

L'Éthiopien Abebe Bikila, pieds nus, remporte l'épreuve de marathon aux jeux de Rome en 1960

LE SAIS-TU ?

En 1960, à Rome, le vainqueur a couru le marathon des Jeux Olympiques... pieds nus ! Avant le départ, l'éthiopien Abebe Bikila n'a pas réussi à trouver des chaussures confortables... Il a donc préféré éviter les ampoules en partant pieds nus. Il remporte finalement la course en 2 heures 15 minutes 16 secondes (record du monde à l'époque !) et devient le premier coureur d'Afrique de l'Est à décrocher l'or olympique. Par la suite, les chaussures ont été rendues obligatoires. Pas de souci pour Abebe Bikila qui a encore gagné, 4 ans plus tard à Tokyo, avec une paire de chaussures cette fois-ci !

RECORD !

2 heures 1 minute et 9 secondes ! C'est le record du monde du marathon. Il a été établi à Berlin en Allemagne en 2022 par le Kenyan Eliud Kipchoge. **Cela fait une vitesse moyenne de 20,9 km/h !** Eliud Kipchoge est une star du marathon. À Paris en 2024, il va tenter de remporter sa 3e médaille d'or d'affilée, puisqu'il a déjà gagné le marathon olympique à Rio de Janeiro en 2016 et à Tokyo en 2021 !

LES SYMBOLES DES JO

Les JO sont représentés par de multiples symboles.

LES ANNEAUX

C'est un symbole reconnu dans le monde entier. Cinq anneaux entrelacés, de cinq couleurs différentes pour représenter les cinq continents. Conçus à partir d'un dessin de Pierre de Coubertin, ils ont été présentés pour la première fois en 1913.

LA DEVISE

C'est une petite phrase ou quelques mots qui symbolisent une pensée ou un état d'esprit. Pour les JO, ce sont 3 mots latins : CITIUS, ALTIUS, FORTIUS. Ce qui signifie « Plus vite, plus haut, plus fort ». Ces trois mots encouragent l'athlète à donner le meilleur de lui-même. Être le 1er n'est pas forcément la priorité si l'on a fait son maximum. C'est l'esprit des JO. Comme disait Pierre de Coubertin : « L'essentiel, c'est de participer ! »

LE DÉFILÉ DES NATIONS

Rassemblés derrière le drapeau de leur pays, les sportifs défilent lors de la cérémonie d'ouverture. Les pays sont classés par ordre alphabétique, mais la tradition veut que la délégation grecque ouvre le défilé. Juste derrière elle, on trouve la délégation des réfugiés qui défilent derrière la bannière olympique. Le pays organisateur est le dernier à participer à cette grande parade.

LA FLAMME

Depuis 1936, le rituel est très précis et suit 3 étapes. L'allumage est réalisé à Olympie grâce à la lumière du soleil. Le relais permet d'acheminer la flamme jusqu'à la ville hôte des JO. L'arrivée dans le stade est l'un des grands moments de la cérémonie d'ouverture des JO. Le dernier relayeur enflamme une grande vasque qui brûlera pendant toute la durée des Jeux Olympiques (15 jours).

Le parcours de la flamme aux JO de Paris 2024

Après l'allumage à Olympie le 16 avril 2024, la flamme prendra le bateau à Athènes, direction Marseille où elle arrivera le 8 mai ! De Marseille débutera alors une grande course de relais jusqu'à Paris où la cérémonie d'ouverture aura lieu le 26 juillet.

LES MÉDAILLES

À Athènes en 1896, les vainqueurs gagnent une médaille en argent, un diplôme et un rameau d'olivier. Le 2e remporte une médaille de bronze et le 3e, rien du tout. C'est à partir des JO de Londres, en 1908, que les trois médailles que l'on connaît deviennent officielles : or, argent et bronze. Il faudra attendre 1932 pour voir le podium faire son apparition avec ses 3 marches.

L'HYMNE OLYMPIQUE

Il a été créé par Spiros Samaras (musique) et Kostis Palamas (paroles) qui figuraient parmi les plus grands artistes grecs de la fin du 19e siècle. Joué pour la première fois à Athènes, en 1896, il fut par la suite abandonné. Mais il réapparaît aux Jeux de Rome en 1960, et devient l'hymne olympique officiel.

QUELS SPORTS AUX JO ?

Au total, 40 sports sont aujourd'hui présents aux Jeux Olympiques. Il y en aura 32 lors des prochains JO d'été de Paris 2024 et 8 aux Jeux d'hiver en 2026 à Milan.

COMMENT CHOISIT-ON LES SPORTS QUI SONT AUX JO ?

Pour qu'un sport soit admissible aux JO, il doit être largement pratiqué à travers le monde, dirigé par une fédération internationale reconnue par le Comité International Olympique (CIO), avoir une bonne image, ne pas être dangereux pour les athlètes et ne pas impliquer des coûts d'organisation trop élevés.
Ensuite, c'est le CIO qui choisit les sports du programme olympique. Quelques fois, certains sortent et d'autres font leur entrée. Par exemple, le karaté ne sera pas aux JO de Paris en 2024, mais le breakdance* oui.

QUIZ

RAYE LES SPORTS QUI NE SERONT PAS PRÉSENTS AUX JO 2024 À PARIS

athlétisme, aviron, badminton, basketball, boxe, canoë, trottinette, cyclisme, BMX, VTT, escrime, football, pétanque, golf, gymnastique, trampoline, haltérophilie, handball, hockey, judo, lutte, combat de toupies, pentathlon moderne, rugby, natation, plongeon, water polo, sports équestres, course à dos de lama, taekwondo, tennis, tennis de table, tir, tir à l'arc, triathlon, voile, balle au prisonnier, volleyball.

Réponse :
trottinette, pétanque,
combat de toupies, course à dos de lama,
balle au prisonnier

LE SAIS-TU ?

Pour chaque sport, on trouve plusieurs disciplines et pour chaque discipline plusieurs épreuves.
Par exemple, l'escrime est un sport, l'épée une discipline de l'escrime et l'épée par équipes une épreuve.

*
Breakdance

C'est une danse acrobatique exécutée au sol sur une musique hip-hop

LE SAIS-TU ?

En plus des sports traditionnels des JO comme l'athlétisme ou le judo, il existe des sports dits « additionnels ». À Paris en 2024, il y aura le surf, le skateboard, l'escalade et le breakdance.
Ces sports sont choisis selon la mode du moment. Ils modernisent les JO !

DES JO, L'HIVER !

Au début, les Jeux Olympiques avaient lieu uniquement l'été. Mais en 1924, les premiers Jeux d'hiver vont être organisés à Chamonix (dans les Alpes françaises).

LA NEIGE ET LA GLACE

Ces JO ont aussi lieu tous les 4 ans. Au départ, ils étaient organisés la même année que les Jeux d'été, mais après 1992, ils vont être décalés. Cela crée une alternance : été, hiver, été, hiver... Comme ça, tous les deux ans on peut regarder des JO !

Depuis leur création, 13 pays ont accueilli les JO d'hiver. Et certains plusieurs fois. C'est le cas de la France, des États-Unis et de l'Italie. Ces JO ne peuvent pas être organisés n'importe où, car il faut des conditions adaptées aux sports d'hiver. C'est-à-dire des montagnes, de la neige et du froid pour la conserver.

Le biathlète américain Jay Hakkinen aux Jeux de Vancouver en 2010.

LE SAIS-TU ?

Au programme des premiers JO d'hiver, on trouvait une épreuve qui s'appelait « La patrouille militaire » ! C'était un sport d'hiver par équipes apparu au début du 20e siècle qui combinait le ski de fond et le tir sportif. L'équipe était composée d'un officier accompagné par un sous-officier et de deux soldats. Ce sport, tu l'as peut-être deviné… c'est l'ancêtre du biathlon !

La Norvège, Reine des Neiges !

La Norvège est le pays qui a remporté le plus de médailles aux JO d'hiver depuis leur création. Les athlètes norvégiens en totalisent 405 ! Une belle performance pour un pays qui compte seulement un peu plus de 5 millions d'habitants. En comparaison la France (67 millions d'habitants) compte 143 médailles depuis 1924.

ÇA VA VITE !

Le record de vitesse enregistré pour un palet lors d'un tir au hockey sur glace est de 183,67 km/h ! C'est pour cela que le gardien est très bien protégé !

LES GRANDS SPORTS DES JO D'HIVER

LE SKI ALPIN

Le ski alpin regroupe l'ensemble des activités consistant à descendre une pente enneigée le plus rapidement possible. En ski alpin, le talon est fixé aux skis. Aujourd'hui, il existe aussi des disciplines de ski freestyle où ce sont les sauts et figures artistiques qui sont notés.

LE SKI DE FOND

Le ski de fond consiste à avancer sur des pistes de ski plates ou vallonnées. En ski de fond, les talons ne sont pas fixés aux skis.

LE BIATHLON

Le biathlon associe le ski de fond et le tir à la carabine. Les pratiquants de ce sport sont appelés biathlètes.

LE SNOWBOARD

Le snowboard se pratique debout sur une planche. Comme pour le ski, il existe aujourd'hui des disciplines de vitesse (le slalom par exemple ou le *boardercross*) et des disciplines *freestyle* (comme le *half-pipe* ou le *big air*).

LE BOBSLEIGH

Le bobsleigh est un traîneau conçu pour 2 ou 4 personnes assises. Le but est de glisser le plus vite possible sur des pistes glacées qui ressemblent à des grands toboggans.

LA LUGE

La luge emprunte le même toboggan que le bobsleigh, mais cette fois, on descend allongé sur une luge, seul ou à deux. Sensations garanties ! Le temps de l'épreuve est mesuré au millième de seconde près !

LE SAUT À SKI

En saut à ski, il faut voler le plus loin possible avec des skis très longs et très larges. Pour y arriver, les concurrents s'élancent du haut d'un grand tremplin enneigé !

LE CURLING

Le curling est un sport collectif consistant à faire glisser sur la glace un lourd palet (la pierre) vers une cible (la maison). C'est un peu la pétanque des neiges !

LE PATINAGE

Le patinage peut être « artistique », et dans ce cas il faut réaliser les plus belles figures et sauts, seul ou en couple, en musique. Il peut aussi être « de vitesse », et consiste à faire le plus rapidement des tours de patinoire pour gagner la course.

DES JEUX POUR TOUS !

Pendant longtemps, seuls les hommes pouvaient participer aux JO. Aujourd'hui, les choses ont bien changé et les Jeux Olympiques ont su s'adapter à l'évolution de la société et du monde.

Drapeau des Jeux Paralympiques

Épreuve du 100 mètres aux Jeux Paralympiques de Londres en 2012. De gauche à droite : Katy Sullivan, Vanessa Low.

LES JEUX PARALYMPIQUES

Des milliers d'athlètes atteints de handicap physique, visuel ou mental, participent aux Jeux Olympiques pour les sportifs handicapés : les Jeux Paralympiques d'été et d'hiver. Ils ont lieu tout de suite après les Jeux Olympiques et sont organisés par le Comité International Paralympique. Lors des derniers Jeux Paralympiques de Tokyo, plus de 4 500 athlètes handisport étaient rassemblés. Ces athlètes, grâce à leurs super performances, participent à changer le regard sur le handicap.

À SAVOIR !

Les personnes sourdes ne peuvent pas participer aux Jeux Paralympiques. Heureusement, ces athlètes ont tout de même leur compétition : les Deaflympics. En anglais, « Deaf » signifie sourd. Ces Jeux ont aussi lieu tous les 4 ans. Les prochains auront lieu à Tokyo en 2025.

LE SAIS-TU ?

C'est un médecin anglais, Sir Ludwig Guttmann, qui a eu l'idée en 1948 d'organiser des compétitions pour ses patients blessés pendant la Deuxième Guerre mondiale. C'était très important pour leur rééducation et leur moral. Les « Jeux mondiaux des chaises roulantes et des amputés » qu'il a créés sont les ancêtres des Jeux Paralympiques.

Le basketteur autralien handicapé Eric Russell serre la main du docteur Ludwig Guttmann aux Jeux Paralympiques de 1976.

LA PLACE DES FEMMES

Il a fallu attendre la deuxième édition des Jeux Olympiques, en 1900 à Paris, pour que les femmes soient admises dans les compétitions de golf, d'équitation, de tennis, de voile et de croquet.
Mais elles ne sont que 22 à participer aux Jeux, sur un total de près de 1 000 athlètes.
Malgré les réticences de Pierre de Coubertin, la participation des femmes va augmenter petit à petit au cours des compétitions suivantes.
Depuis les Jeux d'Athènes de 2004, presque la moitié des athlètes présents aux JO sont des femmes. Et pour la première fois de l'histoire en 2024, autant de femmes que d'hommes participeront aux JO.

Défilé de la nation des réfugiés aux Jeux Paralympiques de Tokyo, 2021

LES RÉFUGIÉS

Aux Jeux Olympiques de Rio de Janeiro en 2016, une équipe de **réfugiés*** participait pour la première fois. Elle comptait 10 athlètes.
À Tokyo, ils étaient 29, dont 10 femmes, représentant 11 pays et 12 sports.

*
Réfugié
C'est une personne qui a fui son pays d'origine, car elle est victime ou estime être victime de menaces contre sa vie ou sa liberté, par exemple en fuyant la guerre.

L'INCLUSION

Les Jeux Olympiques s'ouvrent de plus en plus à tous les participants et s'adaptent à notre monde qui change. À Tokyo, en 2021, la Néo-Zélandaise Laurel Hubbard est devenue la première athlète **transgenre*** à participer aux Jeux Olympiques. Elle a participé à une épreuve d'haltérophilie.

L'haltérophile néo-zélandaise Laurel Hubbard aux Jeux de Tokyo en 2021

*
Transgenre

Une personne est transgenre lorsqu'elle trouve que son identité de fille ou de garçon ne correspond pas avec son sexe. Par exemple, un enfant né avec des organes génitaux de garçon peut s'identifier comme une fille.

LES JO DES JEUNES

Depuis 2010, il existe aussi les Jeux Olympiques de la Jeunesse, les JOJ. Ils rassemblent de jeunes athlètes talentueux âgés de 15 à 18 ans. Les prochains JOJ d'hiver seront organisés à Gangwon en Corée du Sud en 2024, ceux d'été auront lieu à Dakar au Sénégal en 2026. Dans quelques années, toi aussi tu pourras peut-être y participer !

DANS QUELS PAYS ONT LIEU LES JO ?

Brésil, Japon, France, États-Unis… Participer aux JO, ça fait voyager !

SE FAIRE ÉLIRE

Les villes candidates pour accueillir les Jeux Olympiques sont sélectionnées et départagées par le Comité International Olympique (CIO). La sélection de la ville organisatrice a lieu lors d'une réunion du CIO, en général sept années à l'avance. Depuis 1896, voici où les JO ont eu lieu !

- Pays ayant accueilli les Jeux d'hiver et d'été
- Pays ayant accueilli seulement les Jeux d'été
- Pays ayant accueilli seulement les Jeux d'hiver

LE SAIS-TU ?

Seules Londres (1908, 1948 et 2012), Los Angeles (1932, 1984 et 2028) et Paris (1900, 1924 et 2024) ont obtenu l'organisation des Jeux Olympiques d'été à trois reprises. Et seule la ville de Pékin a été désignée pour organiser les Jeux d'été (en 2008) et ceux d'hiver (en 2022).

UN ÉVÈNEMENT PLANÉTAIRE

Plus de 3 milliards de téléspectateurs ont regardé les JO d'été organisés à Tokyo. Avec la Coupe du Monde de football, c'est l'événement le plus suivi.

L'HISTOIRE DE LA RETRANSMISSION TÉLÉ

La télévision a énormément contribué au développement des Jeux Olympiques. Le premier direct à la télévision date de 1956, avec les Jeux d'hiver de Cortina d'Ampezzo (Italie). C'est à partir des JO de Rome (Italie) en 1960 que la plus grande partie du continent européen a pu regarder en direct des compétitions. Pour les États-Unis, le Canada et le Japon, une cassette était envoyée quotidiennement par avion et permettait une diffusion avec quelques heures de décalage. Quelques semaines plus tard, les images étaient transférées sur film et retransmises en Asie, en Afrique, en Océanie et en Amérique du Sud.

Aujourd'hui, les téléspectateurs du monde entier peuvent assister en direct aux exploits des champions.

INCROYABLE !

Lors des Jeux de Paris en 1924, Edmond Dehorter assure en direct le commentaire à la radio des principales épreuves. Il le fait notamment dans les airs, depuis la nacelle d'un ballon, dominant à la fois le vélodrome (un stade spécialement conçu pour les courses de vélos) et le stade olympique.

Edmond Dehorter, « Le parleur inconnu » est le 1er journaliste sportif radio en France. Ici pendant les JO de 1924 à Paris

LE SAIS-TU ?

Plus de 20 000 journalistes du monde entier seront accrédités* pour couvrir les Jeux Olympiques et Paralympiques à Paris en 2024. On compte aussi environ 6 000 journalistes non accrédités qui feront des reportages pour faire vivre l'événement en dehors des sites olympiques.

*

Être accrédité

C'est avoir une accréditation, c'est-à-dire une sorte de carte d'identité qui donne le droit d'entrer dans les sites de compétitions et les zones d'interviews. Les sportifs, les arbitres, les entraîneurs ou encore les journalistes ont des accréditations autour du cou pendant les JO.

NOS AMIES LES MASCOTTES !

Les mascottes olympiques sont réellement nées aux JO de Grenoble en 1968. Elles sont les ambassadrices des Jeux Olympiques et Paralympiques. Elles en incarnent l'esprit et jouent un rôle essentiel dans l'accueil des athlètes et des visiteurs. Elles participent aussi à la réussite commerciale de l'événement.

DE PETITES PELUCHES SYMPATHIQUES

Les mascottes représentent le pays hôte. Elles prennent souvent la forme d'animaux, comme le panda « Bing Dwen Dwen » conçu pour les Jeux de Pékin en 2022 ou encore « Misha » l'ours des JO de Moscou en 1980.

UNE MASCOTTE VIVANTE !

La toute première mascotte fait son apparition en 1932 pour les Jeux Olympiques de Los Angeles (États-Unis). Elle se nommait « Smoky » et elle était vivante ! Ce petit chien portait un dossard avec les anneaux olympiques. Comme toutes les mascottes, son but était d'apporter de la joie aux gens !

3 QUESTIONS À :

CATHERINE SALAÜN-UTREMA, COLLECTIONNEUSE !

Depuis quand collectionnez-vous les mascottes des JO ?

Depuis 1992, je n'ai pas raté de JO d'hiver ou d'été. En général, je vais moi-même chercher les mascottes aux Jeux Olympiques. Quand j'arrive sur place, je commence par aller à la boutique pour les trouver !

Combien en avez-vous et où sont-elles ?

Elles sont toutes dans mon salon, dans des vitrines. J'ai réussi à compléter ma collection, d'abord en cherchant dans les brocantes et puis grâce à internet. Comme pour certains JO, il y a plusieurs mascottes, j'en ai 46 chez moi ! Un vrai petit village. Il m'en manque une seule, assez rare, c'est celle des JO d'Innsbruck en 1976. Un petit bonhomme de neige avec un chapeau tyrolien rouge.

Quelle est votre mascotte préférée ?

J'ai un faible pour « Schuss » le petit skieur des JO de Grenoble 1968. C'est la première mascotte qui a fait son apparition et puis elle est française ! Mais ma préférée, c'est « Hodori » le tigre des Jeux de Séoul 1988, je le trouve vraiment trop mignon.

Pourquoi « les Phryges » sont les mascottes des JO de Paris 2024 ?

Ce sont des petits bonnets rouges avec des grands sourires. Mais pourquoi des bonnets ?
Symbole de liberté, le bonnet phrygien est un des emblèmes de la République française. C'est pourquoi il a été choisi comme mascotte des JO de Paris. En France, ce bonnet rouge était porté comme « bonnet de la liberté » pendant la Révolution.

LES JO ET LA POLITIQUE

Les Jeux Olympiques sont une vitrine pour les pays qui les organisent et les athlètes qui y participent. Certains sont prêts à tout pour y briller ou tenter de mettre en avant leurs idées. En voici quelques exemples...

Le sprinteur Jesse Owens aux Jeux de 1936

1936

L'EXPLOIT D'UN CHAMPION NOIR SOUS LE REGARD D'HITLER

En 1936, le dictateur allemand Adolf Hitler veut faire des Jeux de Berlin (Allemagne) le triomphe du régime nazi.

Il veut se servir des JO pour faire de la **propagande*** et prouver la supériorité des Blancs. Raté ! Le héros des JO sera le sprinteur et sauteur afro-américain Jesse Owens. Il remporte 4 médailles d'or !

*
Propagande

C'est une manière d'utiliser les moyens d'information (presse, télévision, cinéma...) pour orienter et influencer le comportement des citoyens.

1968

LE POING LEVÉ !

En 1968, à Mexico (Mexique), Tommie Smith et John Carlos, deux coureurs noirs de l'équipe américaine, dénoncent le racisme qui sévit aux États-Unis. Sur le podium, lors de la remise des médailles du 200 mètres, ils lèvent un poing avec un gant noir et baissent la tête. Leur acte leur vaut d'être exclus à vie de l'équipe américaine. Avec le temps, ce poing levé est entré dans l'Histoire et vaudra à Smith et Carlos d'être reçus à la Maison Blanche en 2016 par le Président américain Barack Obama.

1972

UN ACTE TERRORISTE

En 1972, à Munich en Allemagne, eut sans doute lieu l'événement le plus sombre de l'histoire des Jeux. Un commando armé de huit Palestiniens de l'organisation terroriste « Septembre Noir » pénètre dans l'immeuble de la délégation israélienne. Les terroristes finiront par être tués. Mais au total, la prise d'otages aura fait 12 victimes.

1947 À 1991

LES JO PENDANT LA GUERRE FROIDE*

Durant cette période, la compétition entre les États-Unis et l'URSS se déroule également dans les enceintes sportives. Celui qui remporte le plus grand nombre de médailles dit que son système politique est le meilleur.

*
Guerre froide

Période durant laquelle les deux grandes puissances (URSS, l'ancêtre de la Russie, et États-Unis) se menaçaient.

LES STARS DES JO !

Les Jeux Olympiques sont l'occasion pour de nombreux athlètes de briller et de se faire connaître mondialement. Certains réalisent des exploits que l'histoire olympique n'oubliera jamais !

Le jamaïcain Usain Bolt remporte l'épreuve du 100 mètres aux Jeux Olympiques de Rio en 2016

USAIN BOLT

Le sprinter originaire de Jamaïque a révolutionné le monde de la course de vitesse. Au total, le roi Bolt a remporté 8 médailles d'or aux JO ! Il est toujours le détenteur des records du monde du 100 mètres (9 secondes 58 centièmes) et du 200 mètres (19 secondes 19 centièmes).

MICHAËL PHELPS

Le nageur américain est le sportif ayant récolté le plus de médailles aux JO. 28 au total en 4 olympiades ! Il détient aussi le record de médailles d'or olympiques : 23 !

NADIA COMANECI

Cette gymnaste roumaine est la première à obtenir, à l'âge de 14 ans, la note parfaite de 10/10 à des Jeux Olympiques, à Montréal en 1976. Elle remporte 5 médailles dont 3 en or, 1 en argent et 1 en bronze. Elle a donné le goût de la gymnastique à de nombreux enfants par la suite.

Nadia Comaneci avec l'une des trois médailles d'or qu'elle remporte aux Jeux de Montréal en 1976

MARTIN FOURCADE

C'est le Français le plus médaillé d'or aux Jeux Olympiques. Son sport : le biathlon (ski de fond + tir à la carabine).
Martin Fourcade a remporté 7 médailles olympiques, 5 en or et 2 en argent.

MARIE BOCHET

Cette skieuse française a remporté 8 médailles d'or et 1 en argent aux Jeux Paralympiques ! En France, c'est l'athlète paralympique la plus décorée, jeux d'été et d'hiver confondus.

TEDDY RINER

Avec 3 médailles d'or et 2 de bronze aux Jeux Olympiques, le Français est considéré comme le plus grand judoka de l'histoire.

« RASTA ROCKET », UNE HISTOIRE VRAIE !

Les Jeux Olympiques regorgent de belles histoires. Le film *Rasta Rocket* sorti en 1993 s'est inspiré de l'une d'entre elles.

UNE DRÔLE D'IDÉE

En 1987, deux hommes d'affaires américains ont l'idée de monter pour les Jeux d'hiver de 1988 à Calgary (Canada) une équipe de bobsleigh... jamaïcaine.
Après tout, puisque les sprinters jamaïcains sont rapides et costauds, ils doivent pouvoir pousser le traîneau et ensuite le piloter dans le grand toboggan glacé, se disent-ils.

DE LA PERSÉVÉRANCE

En Jamaïque, il fait beau et chaud toute l'année. Ce pays n'avait donc jamais mis les pieds aux Jeux Olympiques d'hiver.
En quelques semaines, les quatre membres de l'équipe ont dû tout apprendre de leur nouvelle discipline. Eux qui n'avaient jamais vu un bobsleigh auparavant !

> "Je savais que c'était rapide et dangereux, mais c'est à peu près tout ce que je savais du bobsleigh",

expliqua plus tard le Jamaïcain Devon Harris.

DE PERDANTS À SUPER STARS

Finalement lors des Jeux Olympiques, le bobsleigh jamaïcain se retourne dans un virage. Ouf, aucun blessé n'est à déplorer chez ces courageux athlètes.

Malgré leur échec, ces Jamaïcains si sympathiques sont acclamés par la foule ! L'image va faire le tour du monde. L'équipe « Rasta Rocket » vient de marquer l'histoire des JO de 1988.

QUI PEUT PARTICIPER AUX JEUX OLYMPIQUES ?

Participer aux Jeux Olympiques est le rêve de nombreux sportifs. Pour y parvenir, il faut beaucoup de détermination et de longues années d'entraînement.

SE FAIRE SÉLECTIONNER

Les athlètes sont sélectionnés par le Comité National Olympique (CNO) de leur pays, qui est chargé de les accompagner et de les inscrire aux Jeux.
Si tu veux participer aux JO, il faut beaucoup t'entraîner. Les championnats nationaux sont très importants, c'est lors de ces compétitions que tu pourrais te faire remarquer ! Il n'y a pas de limite d'âge pour participer aux JO. Cela dépend des sports et ce sont les Fédérations internationales qui décident en fonction des spécificités et des risques de chaque discipline.

QU'EST-CE QU'UN « OLYMPIEN » ?

On appelle « olympien », l'athlète qui est sélectionné et participe aux Jeux Olympiques ou Paralympiques. Plus que la simple participation, ce terme recouvre la notion de partage d'une expérience unique et l'adhésion aux valeurs de l'olympisme. Médaillé ou non, la sélection de l'athlète et sa participation le font entrer dans le cercle très fermé des meilleurs !

Oscar Swahn à l'épreuve de tir des Jeux Olympiques de Stockholm en 1912.

LE SAIS-TU ?

Le plus vieux médaillé de l'histoire des JO avait 72 ans. C'est le Suédois Oscar Swahn, médaillé d'argent par équipes au tir en 1920 à Anvers (Belgique).
Le plus jeune médaillé olympique de l'histoire avait lui 10 ans et 216 jours. Il s'agit du Grec Dimitrios Loundras qui, en 1896 à Athènes, a remporté une médaille de bronze aux barres parallèles par équipe, une épreuve de gymnastique.

PORTRAIT

Portrait d'une jeune championne Prithika Pavade

En 2017, Prithika Pavade participait à un reportage télévisé dont le thème était « Génération 2024 ».

Il présentait les ados français qui pourraient faire partie de l'équipe de France lors des JO de Paris. À cette époque, elle avait 12 ans et déjà Prithika gagnait beaucoup de championnats de tennis de table et de matchs contre des adultes. Depuis, elle n'a pas arrêté et a même participé aux JO pour la première fois à Tokyo en 2021. Sa détermination et ses longs entraînements lui ont permis de se qualifier une nouvelle fois pour les JO 2024.
Elle a un rêve, remporter une médaille chez elle, en France !

LES JO SONT-ILS UTILES ?

Les Jeux Olympiques souhaitent véhiculer des valeurs très importantes comme l'acceptation de la différence, la recherche de l'amitié entre les peuples, le *fair-play*, la solidarité… mais sont-ils vraiment nécessaires ?

OUI

Les Jeux Olympiques peuvent aider à faire passer des messages. Un message très important est que le sport est bon pour la santé et le moral. Et ça tombe bien, souvent, les JO nous donnent envie d'en faire pour imiter les champions. Espérons que les JO de Paris feront bouger les choses, car aujourd'hui, à peu près un Français sur deux ne fait pas du tout de sport !

Plus largement, les Jeux Olympiques et Paralympiques partagent une philosophie qui s'applique dans la vie de tous les jours grâce à 3 valeurs fondamentales :

- l'**amitié** qui permet d'accepter les différences ;
- le **respect** qui consiste à agir sans impact négatif ;
- l'**excellence** ce qui veut dire donner le meilleur de nous-même.

Les Jeux Olympiques permettent aussi la construction de nouvelles infrastructures. Par exemple, de nouvelles lignes de métro, des routes et des salles de sport sont construites. Elles améliorent la vie des habitants du pays organisateur.

Dans certains cas, c'est le contraire qui se passe...
Les Jeux Olympiques laissent derrière eux des dettes, des stades inutilisés ou des gares totalement vides. C'est le cas à Rio de Janeiro au Brésil, où des stades qui ont coûté très cher à construire pour les Jeux de 2016 sont à l'abandon aujourd'hui.
Parfois, organiser les JO peut même avoir un impact très négatif sur l'environnement. Les Jeux d'hiver de Sotchi (Russie) en 2014 en sont un exemple frappant.
Pour construire les patinoires, les routes, ou encore les tremplins de saut à ski, les organisateurs n'ont pas hésité à arracher beaucoup d'arbres et à déverser des tonnes de déchets dans les rivières qui descendaient des montagnes jusqu'à la mer. Ainsi, la faune (notamment les poissons) et la flore ont été victimes de grandes pollutions.
Le CIO souhaite désormais travailler pour imposer des règles environnementales. Mais comme pour tous les évènements mondiaux, la politique et l'argent prennent souvent le dessus...

LES JEUX ET LA SCIENCE

La science est très importante pour aider les sportifs dans leurs performances et faire des découvertes utiles pour eux et pour nous... mais elle peut aussi être mal utilisée et servir à tricher !

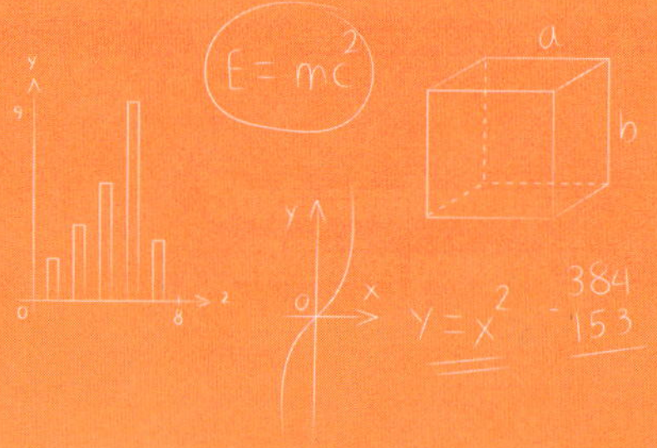

DES MATHS POUR COURIR PLUS VITE

En utilisant la physique, la mécanique et les mathématiques, les chercheurs développent en permanence des solutions pour améliorer les performances des sportifs.
Les chaussures des athlètes, les pistes d'athlétisme, les chronomètres (de plus en plus précis) ou encore les ballons de football ont beaucoup évolué avec le temps. Cela aide les champions à battre de nouveaux records.

LE CHIFFRE

44 KM/H

C'est la vitesse de pointe d'Usain Bolt, l'homme le plus rapide du monde quand il a couru le 100 mètres en 9 secondes et 58 centièmes à Berlin en 2009.

LA SCIENCE, LE SPORT ET NOUS

La science permet d'analyser les résultats des sportifs et souvent cela a des impacts dans notre vie de tous les jours.
Les prothèses qui ont été développées pour certains coureurs des Jeux Paralympiques sont maintenant utilisées par le grand public. Et c'est la même chose pour l'alimentation des champions, les techniques d'entraînement ou de récupération. Le sport de haut niveau les fait progresser et quelques temps après tu peux toi aussi en bénéficier.

L'athlète australienne Frances Stanley à l'épreuve du saut en longueur des Jeux Paralympiques d'Atlanta (1996)

UTILISER LA SCIENCE POUR TRICHER

Parfois, la science est utilisée pour permettre à des sportifs de tricher. On appelle cela le dopage*.
En général, le tricheur prend des produits chimiques ou des médicaments pour améliorer ses performances. C'est interdit par le règlement et dangereux pour la santé. Heureusement, les contrôles sont réguliers et les tricheurs sont sévèrement punis.

*
Dopage

C'est quand on prend un produit en cachette pour augmenter la force de son corps. Aujourd'hui on parle aussi de « dopage technologique », lorsqu'on cache un élément dans son matériel pour augmenter les capacités de sa machine.
Par exemple un petit moteur électrique dans son vélo pour pouvoir accélérer quand on veut.

ENTRAÎNEUR

Il prépare le sportif et lui donne des conseils précieux. Certains sont d'anciens sportifs de haut niveau, beaucoup ont fait des études de professeur de sport.

MÉDECIN

Il répare les blessures liées à la pratique du sport de très haut niveau ou permet de les éviter. Il intervient avant, pendant et après les épreuves pour que les sportifs soient au top de leur forme.

KINÉSITHÉRAPEUTE / OSTÉOPATHE

Les kinés et les ostéos viennent en complément du médecin pour préparer et aider les sportifs à récupérer avec des soins et des massages.

ARBITRE / OFFICIEL

Il y a des arbitres dans tous les sports ! Ils font respecter les règles. En général, comme les sportifs, ils sont sélectionnés pour leurs performances lors de l'arbitrage de compétitions nationales et internationales.

JOURNALISTE

C'est lui qui raconte avant, pendant et après les Jeux ce qui se passe pour les sportifs ou les pays organisateurs.

Si tu veux lire d'autres livres sur les JO

- *Motordu champignon olympique*, Pef, Gallimard Jeunesse
- *Chien pourri ! Aux Jeux Olympiques*, Colas Gutman, Marc Boutavant, L'École des Loisirs
- *Sports, 40 champions olympiques*, Jean-Michel Billioud, Gonoh, Gallimard Jeunesse
- *La véritable histoire de Timée, qui rêvait de gagner aux Jeux Olympiques*, Samir Senoussi, Benjamin Strickler, Bayard
- *Le grand livre des sports, Plus de 40 disciplines olympiques illustrées*, Liang Lina, Fang Shenglan, Gallimard Jeunesse
- *Astérix et les Jeux Olympiques*, René Goscinny, Albert Uderzo, Hachette
- *Le livre des sports*, Collectif, Gallimard Jeunesse
- *Les monstres du bord de mer*, Isabelle Rossignol, L'École des loisirs
- *Un berger aux Jeux Olympiques*, Éric Chevreau, Oskar éditions

Des livres pour les plus grands

- *Milon de Crotone ou l'invention du sport*, Jean-Manuel Roubineau, PUF.
- *La Naissance des Jeux Olympiques et le sport dans l'antiquité*, Violaine Vanoyeke, Belles Lettres.
- *Olympie*, Philippe de Carbonnières, CNRS Éditions.
- *Les 100 histoires des Jeux Olympiques*, Mustapha Kessous, PUF.
- *Histoire(s) des Jeux Olympiques*, Richard Wawrzyniak, Mareuil Éditions.
- *Les jeux du monde – Géopolitique de la flamme olympique*, Jean-Pierre Augustin, Pascal Gillon, Armand Colin.
- "Pour les JO de 2024, sportifs et scientifiques font équipe", Stéphanie Arc, *CNRS Le Journal* (en ligne).
- "Quand les maths se mêlent de sport", Laure Cailloce, *CNRS Le Journal* (en ligne).
- "Le sport, miroir de nos sociétés", Philippe Testard-Vaillant, CNRS *Le Journal* (en ligne).

COMMENT A-T-ON ÉCRIT CE LIVRE ?

Matthieu

Je suis passionné par les Jeux Olympiques et Paralympiques depuis mon enfance.

Depuis 2006, j'ai la chance de faire des reportages au plus près des athlètes et de tous ceux qui participent à ce qu'on appelle souvent « la magie des Jeux ».

Pour écrire ce livre, j'ai consulté beaucoup d'archives des JO, j'ai posé des questions à des historiens et des sportifs, et je me suis replongé dans mes souvenirs pour les partager avec toi !

Marie

Tous les deux ans j'aime regarder en famille ou avec mes amis les exploits des grands champions que cela soit l'athlétisme et la natation lors des jeux d'été ou le saut à ski l'hiver. Illustrer ce livre m'a permis d'en savoir plus sur les Jeux et de me plonger dans leur histoire. Passionnant !

LES JEUX OLYMPIQUES

Maquette intérieure et couverture : © Marie Dortier
Sauf mention contraire, toutes les illustrations sont © Marie Dortier
Crédit photos : p. 5 : © Dimitry Bobroff / Alamy **p. 9 :** © Maxfield/Wikicommons, **p. 10 :** © Hulton Archive/Getty, **p. 13 :** © Wikicommons, **p. 14 :** © Edouard Hue/Wikicommons, **p. 18 :** © DR, **p. 22 :**© Lev Radin/Pacific Press/LightRocket via Getty, **p. 23 :** © Sport the Library/Wikicommons, **p. 24 :** © Comité paralympique australien/Wikicommons, **p. 25 :** . © Swen Pförtner/picture alliance via Getty, **p. 26 :** © DR, **p. 29 :** © Gallicanismes/BnF **p. 31 :** Catherine Salaün-Utrema, **p. 32 :** © Library of Congress, **p. 33 :** © Angelo Cozzi/Mondadori/Wikicommons, **p. 34 :** © Fernando Frazão/Agência Brasil/Wikicommons, **p. 35** : © Wally McNamee/Corbis via Getty, **p. 37 :** © DR, **p. 39** : ©IOC Olympic Museum/Wikicommons, **p. 43 :** © Australian Paralympic Committee/Sport The Library/Wikicommons, **p. 45 :** ©Matthieu Perrot, **p. 48 :** ©Matthieu Perrot, Marie ©Viktor Roumanoff.

RETROUVEZ NOS OUVRAGES SUR :
www.scienceshumaines.com
http://editions.scienceshumaines.com
Diffusion/Distribution : Interforum
Loi n° 49-956 du 16 juillet 1949 sur les publications destinées à la jeunesse,
modifiée par la loi n° 2011-525 du 17 mai 2011

38, rue Rantheaume
BP 256, 89004 Auxerre Cedex
Tél. : 03 86 72 07 00 / **Fax :** 03 86 52 53 26
ISBN 978-2-36106-822-6

Loi n° 49-956 du 16 juillet 1949 sur les publications destinées à la jeunesse,
modifiée par la loi n°2011-525 du 17 mai 2011

Achevé d'imprimer en octobre 2023 par SEPEC - 20917230708
Dépôt légal : quatrième trimestre 2023